Migrationspädagogik für Einsteiger

Gelungene Integration, gegenseitiger Respekt und fürsorgliches Miteinander trotz unterschiedlicher Kulturen im Lernalltag und im Arbeitsleben

Kathrin Sprenger

INHALT

Das erwartet Sie in diesem Buch 1

Teil 1 3

Theorie 3

Migration 3

Was versteht man unter Migrationspädagogik? . 8

Schule und Migration 18

Arbeitsleben, Ausbildungsleben und Migration 22

Kritik an der Migrationspädagogik 26

Teil II 28

Praxis 28

Schüler interkulturell fördern 28

Interkulturelle Erwachsenenbildung 40

Schluss 49

Das erwartet Sie in diesem Buch

In diesem Buch erhalten Sie einen Überblick über den Begriff Migrationspädagogik und praktische Tipps, um Migration und Pädagogik zusammenzuführen und spielerisch in den Lernalltag sowohl mit Kindern als auch mit Erwachsenen zu integrieren.

Das Thema Migration ist aktuell wie nie. Aufgrund der immer weiter fortschreitenden Globalisierung, politischen Konflikten, Krankheiten und Pandemien sehen sich immer mehr Menschen gezwungen, ihr Heimatland zu verlassen – gewollt oder ungewollt.

Oftmals bleiben die Integration, die Inklusion und die Akzeptanz für das Anders-Sein der migrierten Menschen auf der Strecke, besonders, wenn diese auch noch aus einem anderen kulturellen Umfeld kommen. Kinder und Erwachsene fühlen sich ausgeschlossen und nicht dazugehörig. Eine fehlende Integration und das Defizit eines klaren Verständnisses für die Historie von Migrationsgründen können für alle Betroffenen zu einem großen Problem werden. Abschottung, Gettoisierung, Angst vor dem Fremden, Missgunst, fehlender Respekt gegenüber der anderen Kultur sind nur ein paar Themen, die auftreten können.

Dieser Ratgeber richtet sich an Pädagogen oder andere Bezugspersonen von Menschen mit Migrationshintergrund. Er richtet sich auch an Arbeitgeber, die ein Verständnis für den Umgang mit Asylsuchenden bekommen möchten. Informationen, praktische Tipps und Ideen sollen hier helfen, Migration besser zu verstehen und mit Pädagogik zu vereinbaren, sodass Geflüchtete oder freiwillig Ausgewanderte sich besser angenommen fühlen und somit die Lebensqualität aller Beteiligten steigt.

Teil 1

THEORIE

Migration

Laut Statistischem Bundesamt hat fast ein Fünftel der Bevölkerung in Deutschland einen sogenannten Migrationshintergrund. Mehr als die Hälfte sind deutsche Staatsangehörige, besitzen also einen deutschen Pass. Ca. 47,3 % haben eine andere Staatsangehörigkeit.

Die großen Einwanderungswellen starteten in Deutschland nach dem Zweiten Weltkrieg, als händeringend junge und tüchtige Arbeitskräfte für den Wiederaufbau Deutschlands als globale Wirtschaftsmacht gesucht wurden. Das Land hatte durch den Krieg viele Männer eingebüßt und hatte damals wie heute mit einer altersschwachen Demografie zu kämpfen. Die Regierung um Konrad Adenauer beschloss in Zusammenarbeit mit den großen Unternehmen der Privatwirtschaft junge und arbeitswillige Menschen aus einkommensschwachen Ländern nach Deutschland abzuwerben und brachte eine Vereinbarung zur Anwerbung und Vermittlung italienischer Arbeitskräfte auf den Weg. Es folgten gleiche Abmachungen mit Spanien, Griechenland, Türkei, Marokko, Portugal, Tunesien und dem ehemaligen Jugoslawien.

Zunächst sollten die sogenannten Gastarbeiter nur eine bestimmte Zeit im Land bleiben und insbesondere im Hotelgewerbe mithelfen, jedoch meldeten große Unternehmen des Bergbaus und der Industrie auch einen Bedarf an Arbeitskräften an. Ford, Siemens, Mercedes, Volkswagen und viele andere Konzerne meldeten sich. Die Verträge wurden dem-entsprechend angepasst und verlängert und das Leben der Migranten nahm Gestalt und Struktur an. „Wir riefen Gastarbeiter und es kamen Menschen" lautet das berühmte Zitat des deutschen Schriftstellers Max Frisch und es beschreibt sehr gut, dass diese Menschen im Zuge ihres neugewonnenen Lebens in der BRD sesshaft wurden. Sie gründeten Familien, konnten sich von ihrem Lohn ein Auto leisten, unternahmen am

Wochen-ende kurze Trips ins Umland. Kurz: Sie fanden eine neue Heimat und ein neues Leben, das aufgrund der Fabrikarbeit nun nicht mehr von Armut und Unsicherheit geprägt war. Und nun gründen ihre Kinder Familien oder schon die Kindeskinder. Man spricht auch von Einwanderern erster, zweiter, dritter usw. Generation. Trotz vieler vergangener Jahre bleiben diese Menschen doch immer irgendwie fremd, selbst wenn sie in Deutschland geboren sind und niemals in dem Heimatland der Eltern oder der Großeltern gelebt haben.

Migration hat aber mit der großen Einwanderungswelle in den 60er-Jahren nicht einfach aufgehört. Das Thema ist heute aktueller denn je. Aber auch komplexer denn je. Denken Sie nun bitte an den Sommer 2015 zurück, als große Flüchtlingsströme aus bürgerrechtsgebeutelten Ländern des Nahen Ostens und Afrikas an den Grenzen der Europäischen Union standen. Viele wollten nach Deutschland oder nach Nordeuropa, sie hörten, dass es in Schweden auch sicher und gut zu leben ist. Das Mittelmeer wurde zu einem Friedhof für Menschen. Das Mittelmeer sah die Abgründe der Menschheit. Das Mittelmeer wurde Zeuge der Ignoranz deutscher und europäischer Politik. Die Menschlichkeit wurde in Form von leblosen Körpern vor Lesbos an den Strand gespült. An den Strand, an dem wir privilegierten Europäer eigentlich Urlaub machen wollten.

Heterogene Motive treiben diese Menschen unterschiedlicher Länder und Kulturen an, ihr Geburtsland gewollt oder ungewollt hinter sich zu lassen und nach einem neuen Leben zu suchen. Diese Menschen haben unterschiedliche Ziele, unterschiedliche Sprachen, unterschiedliche Religionen, unterschiedliche Traditionen, aber meist doch etwas gemeinsam, und zwar die Hoffnung auf ein besseres Leben in einem sogenannten „Erste-Welt-Land". Was jedes Individuum dabei unter einem besseren Leben versteht, ist, wie oben schon erläutert, unterschiedlich. Der eine sehnt sich nach Wohlstand und einem geregelten Einkommen, der andere sehnt sich nach Frieden, ohne Angst haben zu müssen, dass Bomben in der Nacht das Wohnhaus zerstören. Der eine sehnt sich nach politischer Freiheit und Stabilität, der andere sehnt sich nach Religionsfreiheit. Der eine sehnt sich nach guter schulischer Bildung für seine Töchter, der andere sehnt sich nach Weiterbildung und besseren Karriereoptionen in einem Industriestaat.

Man darf nicht vergessen, dass Migration kein neuartiges Phänomen ist. Völkerwanderungen gibt es schon seit Beginn der Menschheit. Auch die Migration nach Deutschland ist nicht neu, doch historisch gesehen, wird erst seit Kurzem offen darüber gesprochen. Die älteren Leser unter Ihnen werden sich noch an die Amtszeit von Helmut Kohl erinnern. Er verneinte stets, dass Deutschland ein Zuwanderungsland sei. Ende des 20. Jahrhunderts dann, als Gerhard Schröder und Joschka Fischer die Regierung stellten, wurde die Thematik nun endlich offen und ehrlich diskutiert. Dies ist keineswegs ein politisches Buch, obwohl man Politik und Migration niemals getrennt voneinander betrachten kann und man kann über Schröder und Fischer denken, was man möchte, aber Migration fand unter ihnen erstmals richtig Einzug in den politischen Diskurs. Eine Anerkennung Deutschlands als Migrationsland. In der politischen Selbstbeschreibung taucht nun auch endlich die Migrationsrealität auf. Interessant ist auch der Semantikwechsel von damals und heute. Was zunächst in der Medienlandschaft und im öffentlichen Diskurs als Einwanderungsland bezeichnet wurde, änderte sich später zur Zuwanderungsvokabel.

Die politische Anerkennung der Migration hat viel Veränderung in den gesellschaftlichen Prozessen nach sich gezogen. Insbesondere in der Pädagogik. Erziehungswissenschaft musste nun hier auf die politische

Entwicklung reagieren. Nun gab es wieder Forschungsbedarf und Forschungsgelder wurden zur Verfügung gestellt. Es wurden sogar neue Professuren eingerichtet. Die Erziehungswissenschaft blühte wieder auf. Eine Professur zu Migrationspädagogik gab es zunächst zwar nicht, wurde dann aber zu Beginn des 21. Jahrhunderts eingerichtet. Heute hat die Migrationspädagogik ihren festen Platz im Lehrprogramm der Erziehungswissenschaft.

Was versteht man unter Migrationspädagogik?

Bei den bekannten Suchmaschinen reicht meist die Eingabe eines Wortes aus, um die Definition des Begriffes direkt zu finden. Googelt man den Begriff „Migrationspädagogik", so bekommt man als fast jeden Treffer den Namen Paul Mecheril. Der deutsche Bildungswissenschaftler ist auch im Internetlexikon Wikipedia als Suchbegriff für Migrationspädagogik hinterlegt. Das mag daran liegen, dass der Begriff und auch die Lehre für ebendiesen Arbeitsbereich noch jung sind. Der Professor für Erziehungswissenschaften, der derzeit an der Universität Bielefeld lehrt, ist ein Pionier auf diesem Themengebiet. In seinem bekannten Buch Einführung in die Migrationspädagogik, das 2004 erschienen ist, definiert er Migrationspädagogik als einen „Blickwinkel, unter welchem Fragen gestellt und thematisiert werden, die bedeutsam für eine Pädagogik unter den Bedingungen einer Migrationsgesellschaft sind." Mit anderen Worten: Es wird hier nicht die Migration in den Vordergrund gestellt, sondern vielmehr die Pädagogik und ihre Möglichkeiten, kulturelle Unterschiede zu integrieren und vor dem Hintergrund einer Migrationsgesellschaft Diskriminierung für Andersartigkeit zu minimieren.

Laut Professor Dr. Mecheril steht die Zivilgesellschaft heute vor großen und sich stetig ändernden Herausforderungen. Wir, als Gesellschaft, werden Zeugen von Rassismus. Wir können in den Nachrichten mitverfolgen, wie die Europäische Union darüber diskutiert, Schusswaffen gegen Asylsuchende an den europäischen Grenzen zuzulassen. Wir können den Tagesthemen entnehmen, dass Menschen im Mittelmeer ertrinken und ihre Körper an Urlaubsinseln an den Strand gespült werden. Wir erleben eine Politik der Abschottung, eine europäische Politik, die mit allen Mitteln die Grenzen schließen möchte. Er begründet diese Abschottung mit Angst. Wörtlich sagt er, dass der moderne Mensch heute durch Geflüchtete in seiner Ordnung gestört wird. Er versteht somit Migration als Phänomen der Infragestellung grundlegender gesellschaftlicher Ordnung. Sobald eine jahrelange herrschende Ordnung durch Faktoren, welcher Art sie nun seien mögen, gestört wird, fühlt sich der Mensch unsicher. Er möchte alles tun, um diese Ordnung wieder herzustellen. Gegebenes und Normalität verschwinden und werden aufgewühlt. Der Versuch der Politik, die Ordnung wiederherzustellen, führt zu Maßnahmen, wie zum Beispiel die Erlaubnis an der Grenze zu Europa schießen zu dürfen. Knapp 80 Jahre nach Kriegsende darf solch eine Option nun also wieder herangezogen werden.

Durch Zufall in einem „Erste-Welt-Land" geboren zu sein, setzt für viele Menschen viele Privilegien voraus. Diese werden oftmals noch nicht einmal als Privileg empfunden. Sie sind fraglos und unverschuldet einfach da. Und in dem Moment, wenn andere, weniger privilegierte Menschen, in die gewohnte Weltordnung eindringen, fühlt sich die Gesellschaft bedroht und ihrer Privilegien beraubt. Die Anwesenheit von fremden Menschen führt ihnen vor Augen, dass ihre Ordnung zerstört ist. Geflüchtete wollen auch privilegiert sein, sie sehen, dass es eine immense globale Ungleichheit gibt. Die Sichtbarkeit der globalen Ungerechtigkeit ist durch das moderne Zeitalter der Digitalisierung gewachsen. Menschen aus aller Welt haben durch Internet auch Zugang zu anderen Welten, zu anderen Ländern, zu anderen Systemordnungen. Die geopolitische Ungleichheit wird hier jedem jeden Tag vor Augen geführt. Die Auseinandersetzung mit globaler Ungerechtigkeit ist für Mecheril eine zentrale Bildungsaufgabe und somit eine zentrale erziehungswissenschaftliche Aufgabe. Gebildet zu sein, heißt hiernach, sich selbst zu den Schlüsselproblemen globaler Ungleichheiten in ein Verhältnis zu setzen.

Es ist zentrale Bildungsaufgabe des 21. Jahrhunderts, die allgemeine Bildung aller zu leisten. Eine allgemeine Bildung, die Zusammenhänge erklärt und aufzeigt, fördert das Zusammenleben zwischen Einheimischen und Nicht-Einheimischen. Die zentrale Aufgabe ist es also nicht, Migranten die deutsche Sprache zu lehren, vielmehr ist es die zentrale Aufgabe, allen Beteiligten eine gute allgemeine Bildung zukommen zu lassen. Ein globales Umdenken ist erforderlich. Solidarität und Vertrauen sind wichtig. Die alltäglichen Lebenszusammenhänge sind mehr und mehr geprägt durch Vertrautheit und Fremdheit. Fremdheit kommt aber laut Mecheril nicht durch Migranten, sondern ist eine logische Konsequenz von pluralen demokratischen Gesellschaften.

Migration nimmt zu, weil wir in einer Welt leben, die von Ungleichheit geprägt ist. Die globale

Ungleichheit ist zum Vorteil des Westens. Es gibt auf politischer Ebene leider bislang auch keine ernsthaften Versuche, die Schere zwischen armer und reicher Welt zu schließen. Umso wichtiger ist es also, auf kleiner Ebene diese Ungleichheiten zu sehen, Ge-flüchtete und Migranten auf tiefster Ebene zu verstehen und sich solidarisch zu erkennen. Zwischen Wir und Nicht-Wir darf nicht unterschieden werden. Das ist Kern der Migrationspädagogik. Schulen dürfen nicht Migranten produzieren, sondern müssen eine allgemeine Akzeptanz für das Gegebene vermitteln. Keine Differenz-getriebene Pädagogik, sondern eine inklusive ist hier der zentrale Punkt.

Wenn man über Migrationspädagogik recherchiert und redet, kommt man um den Begriff Rassismus nicht herum. Es ist auch Teil der Lehre der Migrationspädagogik, Rassismus zu benennen und auch den Umstand zu erkennen, dass es etwas ist, was es zu problematisieren gilt. Oft benutzte Vokabeln wie Fremdenfeindlichkeit sind Begriffe, die die Gewalt, die von Rassismus ausgeht, nicht treffen. Ausländerfeindlichkeit ist nicht die Feindlichkeit gegenüber Ausländern, aber Menschen, die als Ausländer angesehen werden. Es gibt keine Feindlichkeit gegenüber weißen Neuseeländern, die hier arbeiten. Vielmehr ist es eine

Thematik weiß gegen schwarz. Und das gilt auch unabhängig vom Pass, zwei Menschen können auch den gleichen Pass haben. Nehmen Sie nur das nachfolgende Beispiel: Ein schwarzer Franzose, der seit einem Jahr in Deutschland lebt, und ein weißer Franzose, der seit einem Jahr in Deutschland lebt, hier gibt es reale und konkrete Unter-schiede, sei es die Jobsuche, die Wohnungssuche, das Studium. Der Weiße hat es immer einfacher auf dem Wohnungsmarkt, auf dem Arbeitsmarkt, im Alltag generell, im Super-markt und so weiter. Diese Differenz hängt nicht mit der zusammen, dass Menschen, nur weil sie aus dem Ausland kommen, schlechter behandelt werden, auch nicht, weil sie kulturell fremd sind, sondern das hat was mit einer Konstruktion im Kopf zu tun, mit einer Fantasie der Zugehörigkeit. Die konstruierte Vorstellung, dass schwarz etwas anderes ist als weiß. Die Imagination, dass schwarz sich einer Gruppe zuordnen lassen lässt. Mit an-deren Worten, Rassismus ist eine Analyseperspektive, die deutlich macht, unter welchen Bedingungen Menschen einer imaginären rassistisch konstruierten Gruppe zugeordnet werden können, mit der Konsequenz, dass sie schlechter behandelt werden.

Das Leugnen, dass Deutschland nicht Migrationsland ist, war fatal. Natürlich hat man später davon

Abstand genommen, die Wirkung hat aber dennoch starke Überreste eines völkischen Denkens in der Bevölkerung hinterlassen, die heute noch vorhanden sind: Die Idee, Deutscher ist nur der, der von Deutschen abstammt. In Alltagssituationen macht sich das immer wieder bemerkbar, Aussagen wie: „Ach, sie sprechen aber gut Deutsch", wenn ein ausländisch aussehender Mitbürger auf ältere Einheimische trifft, hört man immer wieder. Man ist überrascht, dass ein farbiger Mensch Deutsch spricht. Die Körperhaltung ändert sich sofort. Die Überraschung ist den Menschen förmlich ins Gesicht geschrieben. Parteien wie die AFD machen sich genau dies zum Vorteil, sie kommunizieren, dass man Achtsamkeit entwickeln sollte gegenüber Ausländern, dass diese nicht dem normalen Volk zugehören.

Die Vorstellung vom weißen Volk ist aber realitätsfern. Sie vermittelt eine falsche Vorstellung darüber, wer legitim hier ist und wer nur geduldet wird. Der Begriff Rassismus ist ein umstrittener in der BRD. Das Ausweichen in der Semantik auf andere Vokabeln hat ihren Grund und der liegt in der Nazi-Vergangenheit. Die postnationalistische Konstellation in der jungen BRD war geprägt vom Mythos der Stunde null. Geschichtslosigkeit wurde initiiert. Eine „wir haben alles hinter uns gelassen"-Mentalität wurde proklamiert. Wir sind nun eine neue Demokratie.

Der Rassismus-Kritik geht es nicht um die Identifikation der Rassisten, sondern der Identifikation des Bösen, bestenfalls Identifikation des anderen. Es ist immer der böse arbeitslose Ostdeutsche, von dem man hört oder liest. Immer verbunden mit der Konnotation des Bösen. Also anders ausgedrückt, geht es bei der Rassismus-Kritik nicht um die Identifizierung des moralisch verwerflichen Subjektes, sondern darum, gesellschaftliche Normalität unter der Perspektive Rassismus zu deuten. Beim Rassismus geht es automatisch auch immer um Herrschaftsverhältnisse. Fremde Gruppen werden erfunden und als barbarisch, triebhaft, konstruiert, um damit bestimmte Herrschaftsformen zu legitimieren. Dämonisierung von Asylsuchenden dient dazu, die Globalordnung aufrechtzuerhalten. Hiervon profitiert Kerneuropa. Andere zu dämonisieren und als böse hinzustellen, legitimiert Mauerbau an den Grenzen zu Europa.

Oft werden wir Zeugen einer Pseudo-Offenheit, wobei sich unter ihrem Mantel nichts anderes als Neorassismus versteckt. Beim Neorassismus wird der Begriff der Rasse durch den der Kultur ersetzt. Wir hören Menschen sagen, dass sie andere Kulturen richtig gut finden. Nehmen wir die türkische Kultur. Sie sagen: „Ja, die Türkei ist ein Land voller Historie und Kultur. Das Essen ist gut, die Moscheen sind wundervoll, die Sprache ist interessant". Aber eine Moschee in ihrem Stadtviertel möchten sie nicht. Türkisch hat keinen Platz auf dem Schulhof und im Supermarkt. Hier wird Deutsch gesprochen. Menschen werden bestimmten Orten zugewiesen, was aber in einer schrumpfenden Welt gar keinen Sinn ergibt. Eine eindeutige Zuordnung von Menschen in einer Welt, in der Flächenraum und Sozialraum immer mehr auseinandergehen, ist das nicht mehr möglich. Und in diesem Moment, in dem eine Argumentation nicht mehr funktioniert, und zwar das Argument, die Menschen können doch auch in ihrem eigenen Land bleiben, versucht sich Rassismus zu behaupten.

Neorassismus wird in Europa wieder stärker, weil mit allen Mitteln die alte Ordnung hergestellt werden soll. Pegida und AFD sind Ausdruck einer Krise in Europa, weil Europa nicht mehr behaupten kann, der Nabel der Welt zu sein. Europa wird überrollt, es gibt einen großen demografischen Schwund, die Bevölkerung wird immer älter, China und Indien überholen technologisch – und was passiert? Es gibt eine krisenhafte Stimmung, die Ordnung ist durchgewühlt, man möchte mit allen Mitteln die alte Weltordnung beibehalten.

In diesem Kontext muss auch Migrationspädagogik gesehen werden. Die Pädagogik kann sich hier nicht von den gesellschaftspolitischen Prozessen und Phänomen befreien, sondern muss eben in ihrem Kontext agieren. Dabei versteht sich die Migrationspädagogik als Unterdisziplin der sozialen Arbeit. Kritik an Pädagogik ging schon in den 70er-Jahren los. Wie soll die Erziehungswissenschaft mit Migration umgehen? Mit der Zahl der Gastarbeiter stieg auch die Zahl der Kinder in den Schulen. Die Maßnahmen, die damals beschlossen wurden, gelten heute immer noch und genau das ist nicht mehr zeitgemäß. Es muss eine Modernisierung des Schulsystems stattfinden. Die jetzige Pädagogik orientierte sich an Defiziten, fehlende Sprachkenntnisse, fehlender Pass, Defizite in der Bildung der Eltern, Defizite in der Kultur, Stichwort Patriarchat und so weiter. Also es wurde und wird immer ein Defizit gesucht und an diesem Defizit unterscheiden sich die einheimischen Kinder von den ausländischen, in diesem Defizit unterscheiden wir uns von den anderen. Ziel war es immer, zu assimilieren. Menschen sollten sich in der Gesellschaft auflösen. Damit war das Konzept der defizitorientierten Förderung auf den Weg gebracht. Das Konzept des anderen entstand: rechtliche Unterscheidung, also fehlender deutscher Pass, heißt Ausländer. Dabei entstand in direkter Korrelation das Konzept des Wir als abgeschlossene Einheit.

Und eben aus dieser Perspektive heraus beobachten wir als Einheit die anderen und ihre Defizite als Einheit. Es findet eine Hierarchisierung statt, da es sich um einen defizitorientierten Ansatz handelt. Das gilt nicht nur für die Vergangenheit, das ist heute immer noch so. Wir wenden den Defizitansatz auf jemanden an, der förderbedürftig ist. Das beinhaltet per Natur des Umstands immer eine Sonderbehandlung. Ein Perspektivwechsel muss stattfinden, ein Verständnis dafür, dass alle anders sind, auch wir. Differenz darf nicht gleichgesetzt werden mit Defizit. Ziel der modernen Pädagogik soll also nicht die Assimilation, sondern die Anerkennung auf Augenhöhe sein.

Schule und Migration

Die Auswirkungen der Migration auf den Bildungsbereich sind genau die gleichen Aus-wirkungen, die Migration auf alle anderen gesellschaftlichen Bereiche hat, zum Beispiel das Gesundheitswesen, das Versicherungswesen, generell das politische Wesen.

Verglichen mit der deutschen Bevölkerung ist die Bevölkerung mit Migrationshintergrund insgesamt viel jünger. Zudem haben die Familien im Schnitt auch mehr Kinder. Dies spiegelt sich auch in den Klassenzimmern und in der Zusammensetzung der Schülerschaft als Ganzes wider. Je nachdem, in welchem Stadtteil man wohnt, gibt es mehr oder weniger Schüler gleichen Alters aus ausländischen Familien. Einige dieser Schüler sind in Deutschland geboren und aufgewachsen, bleiben dennoch immer irgendwie anders, immer irgendwie fremd. Das liegt an vielen Faktoren, das Aussehen und der Name sind hier nur die vordergründigen Faktoren. Andere sind nicht in Deutschland aufgewachsen, vielleicht sogar erst kurze Zeit im Land. Einige haben eine dauerhafte Aufenthaltserlaubnis, andere sind verwaist oder gar allein geflüchtet.

Der Theorie-Teil dieses Buches ist wichtig, um eine Sensibilisierung für das Thema, aber auch für die Menschen und ihre verschiedenen Schicksale zu bekommen. Haben Sie immer im Hinterkopf, dass es sich um Menschen handelt. Und stellen Sie sich doch nur einmal selbst die Frage: Wie möchte ich behandelt werden?

Die Schule sollte idealerweise ein Ort sein, an dem sich Kinder und Jugendliche sicher fühlen und im besten Fall gern hingehen. Aus eigener Erfahrung wissen Sie bestimmt, dass dies nicht immer der Realität entspricht und man Schule doch mehr als einen Ort des Lernen-Müssens sieht. Doch sehen Sie bestimmt auch gleichzeitig ein, dass die Schuljahre Sie wirklich und nachhaltig geprägt haben, und womöglich zaubert es Ihnen ein Lächeln ins Gesicht, wenn Sie an Ihre Zeit als Schüler zurückdenken. Viele von uns haben immer noch Schulfreunde von „früher" und bei gemeinsamen Klassentreffen wird an die gemeinsame, prägende Zeit zurückgedacht und meistens doch gelacht. Ebendieses Gefühl sollen auch Kinder und schulpflichtige Jugendliche aus Migrationsfamilien erfahren. Sie sollen niemals an die Zeit in der deutschen Schule als einen Ort der Ausgrenzung oder Diskriminierung denken. Ihr Ziel sollte es sein, die Kinder so gut wie möglich zu integrieren und zu inkludieren.

Welche Möglichkeiten gibt es, Menschen unterschiedlicher Herkunft im gemeinsamen Lernen zu fördern? Welche Werkzeuge werden von der modernen Pädagogik zur Verfügung gestellt, um Toleranz gegenüber anderen Kulturen zu vermitteln und gleichzeitig Bildungsungleichheiten abzubauen? Der übergeordnete Grundsatz des migrationspädagogischen Konzeptes sollte aber auf jeden Fall eins sein: Kulturelle Pluralität als Chance und nicht als Hindernis zu sehen.

Dabei scheint für jeden Pädagogen die wichtigste Herausforderung zu sein, Chancen-gleichheit herzustellen. Benachteiligung für Kinder und Jugendliche aus Migrationsfamilien ist durch zahlreiche wissenschaftliche Studien belegt. So beschreiben Becker, Jäckel, Beck von der Universität Bern in einer 2011 erschienenen empirischen Forschungsarbeit, dass sich die Nachteile von Migranten durch die sozioökonomischen Ressourcen und durch die Sprachprobleme des Elternhauses ergeben, und belegen Ihre Forschungsergebnisse mit statistischen Auswertungen. Ein wichtiger Aspekt ist hier tatsächlich auch, dass Migrantenkinder ökonomisch oftmals schlechter gestellt sind als ihre deutsche Peergroup. So fallen für Migrantenkinder von vornherein kostenpflichtige Bildungswege, die oftmals den Einstieg in das Universitätsleben bzw. das Arbeitsleben erleichtern, weg.

Erziehungswissenschaftler sollten in ihrem Studium neue Formen von Pluralismus diskutieren. Migration ist eine Offerte zur Modernisierung des veralteten Bildungssystems. Da-bei darf Migration keine zusätzliche Arbeit darstellen, sondern muss Teil des gesamten Bildungspaketes sein. Forschungsinhalte müssen unter der Prämisse der Sprachvermischung und der Sprachveränderung gesehen werden. Die Ultima

Ratio des bedingungs-losen Deutsch-Lernens zeigt nur eine Ideenlosigkeit, die vorherrscht und die eben immer wieder mit dem Satz, die Ausländer müssen sofort Deutsch lernen, komprimiert werden soll. Das soll nicht heißen, dass Deutsch nicht gelernt werden soll, aber Deutsch soll eben unter den gegebenen Umständen gelernt werden. Ein gegebener Umstand ist auch der, dass diese Menschen oftmals nur einen begrenzten Aufenthaltstitel haben. Wohin geht ihre Reise, dürfen sie überhaupt bleiben? Das sind Punkte, die in die Lehre der Pädagogik einfließen müssen. Das Mantra des fordernden Deutsch-Lernens unter all dieser Unsicherheit muss neu überdacht und angepasst werden. Hier besteht unendlicher Forschungsbedarf.

Arbeitsleben, Ausbildungsleben und Migration

Das Fachkräfteeinwanderungsgesetz, kurz FEG, ist am 1. März 2020 in Kraft getreten. Es regelt die Fachkräfteeinwanderung für Menschen außerhalb der EU nach Deutschland. Qualifizierten Fachkräften, die eine abgeschlossene und in der BRD anerkannte Berufs-ausbildung haben, zum Beispiel Handwerkern jeder Art oder aber auch höher qualifizierten Menschen mit Hochschulabschluss, wird der Weg zu einem Leben in Deutschland erleichtert. Voraussetzung ist natürlich, dass alle Zeugnisse und Dokumente vorhanden sind.

Die Beherrschung der Sprache Deutsch auf B1-Niveau wird benötigt. Zunächst wird ein Visum begrenzt auf 6 Monate ausgestellt, das dann nach erfolgreicher Probezeit verlängert wird. Engpässen in der deutschen Wirtschaft soll so entgegengewirkt werden.

Grund für Gesetze wie diese ist der demografische Wandel. Zukunftsforscher denken, dass im Jahr 2060 alle Städte überlaufen sein werden, da die jungen Menschen der Landbevölkerung in die Stadt ziehen werden. Deutschland ist alt geworden und wird noch älter, die Herausforderung, vor der die Politik und die Gesellschaft und damit unmittelbar verbunden die Pädagogik stehen, haben sich geändert. Das Statistische Bundesamt hat einige Szenarien durchgerechnet und hält folgendes Szenario am realistischsten: Im Jahr 2060 wird die Zahl der unter 20-Jährigen von 18,2 % auf 15,7 % sinken. Die Zahl der über 60-Jährigen steigt dann aber gleichzeitig von ca. 28 % auf ca. 40 %. Die Gesamtbevölkerung in Deutschland geht zurück auf ca. 70 Millionen Einwohner. Die Herausforderungen liegen klar auf der Hand. Es gibt viel mehr über 60-Jährige, die wählen dürfen, als unter 25-Jährige. Die Machtverhältnisse verteilen sich klar zugunsten der Alten. Das führt zum Beispiel, wie man in den USA sehen kann, zu konservativen Machtverhältnissen. In den USA haben die 18- bis 35-Jährigen mit großer Mehrheit Hillary Clinton gewählt, aber Sieger war Trump. Ein anderes Beispiel ist England, dort hat die Gruppe der 18- bis 24-Jährigen zu 75 % gegen den Brexit gestimmt, aber der Brexit kam. Wahlprogramme orientieren sich zunehmend an Älteren.

Die alt gewordene Arbeitswelt stellt eine Herausforderung dar. Zuerst einmal ist eine vordergründige positive Betrachtung gedanklich durchzuspielen. Immer mehr Menschen werden in Rente gehen, es wird immer mehr Arbeitsplätze für junge Menschen geben. Aber diese Denkweise ist zu leicht und berücksichtigt nicht das Thema Rente. In den 1950er-Jahren haben 3 Arbeitnehmer einen Rentner finanziert. Zukunftsforscher rechneten aus, dass 2037 nur noch ein Arbeitnehmer einen Rentner finanzieren muss. Die Bei-träge, die Arbeitnehmer in die Rentenkasse einzahlen müssen, müssen stark steigen, damit das System stabil bleibt. Das bedeutet gleichzeitig, dass für die Menschen, die heute jung sind und einzahlen, deutlich weniger übrig bleibt als für die, die heute schon in Rente sind. Ein Vorschlag der Bundesregierung ist, das Rentenalter zu erhöhen und erst mit 70 in Rente zu gehen. Experten sagen, das sei machbar, schließlich ist man ja auch medizinisch gesehen fit. Andere wollen sich am Modell aus Dänemark orientieren, dort geht man mit 60 in Rente, kann aber freiwillig länger bleiben.

Die Sozialsysteme stehen vor großen Herausforderungen. Je älter die Menschen werden, desto höher die Wahrscheinlichkeit, dass sie Pflege brauchen oder krank werden. Das Statistische Bundesamt hat errechnet, dass sich in den kommenden 15 Jahren die Zahl der über 80-Jährigen verdoppelt, auf dann 6,4 Millionen Menschen in Deutschland. Das heiß auch: höhere Kosten. Es droht ein Kollaps des Gesundheitssystems. Auch gesellschaftspolitisch muss man sich mit der Frage auseinandersetzen, wie es gelingen kann, dass Alte und Junge gut miteinander leben können. Das Durchschnittsalter eines Bundestagsabgeordneten liegt heute bei ca. 49,7 Jahren. Das Durchschnittsalter eines Vorstandmitglieds in der Privatwirtschaft bei 54 Jahren. Junge Menschen beschweren sich zu Recht, dass sie sich immer unterordnen müssen. Eine Studie aus dem Jahr 2013 zeigt, dass die Lebensunterschiede noch niemals so groß waren zwischen alten und jungen Menschen wie heute.

Kleine und mittelständische Betriebe kriegen ihre offenen Stellen mit deutschen Mitbürgern nicht mehr besetzt. Sie rekrutieren aus dem Ausland und wie oben schon ausgeführt, hat sich die Bundesregierung dazu entschlossen, den Weg leichter zu gestalten. Viele Unternehmen haben es sich zur Aufgabe gemacht, Geflüchtete in den deutschen Arbeitsmarkt zu integrieren. Eine Integration in das Arbeitsleben ermöglicht den Geflüchteten oder direkt angeworbenen Einwanderern direkte Integration in das Sozialleben. Sie knüpfen Freundschaft, sie verdienen Geld, um ausgehen zu können, sie fühlen sich unter den Umständen der Leistungsgesellschaft wohl.

Kritik an der Migrationspädagogik

Die Migrationspädagogik hat eine Tendenz zur Ausblendung anderer Benachteiligungs-kategorien, wie materielle, geschlechtsbezogene, politische, ethnische. Natürlich kann man ein schönes interkulturelles Straßenfest mit der syrischen Flüchtlingsfamilie haben, aber anschließend gehen die Deutschen, überspitzt gesprochen, in ihr Reihenhaus und die syrische Familie geht wieder in das Flüchtlingsheim. Das ist sehr polemisch, aber der Punkt der Ungleichheit soll deutlich gemacht werden und er lässt sich gegenwärtig auch nicht durch migrationspädagogische Lehre erklären. Der Anspruch an Theorie und Praxis ist schwierig.

Ein weiterer Kritikpunkt ist, dass in dem Wort Kultur der Begriff Rassismus versteckt ist. Der Begriff der Kultur ist oft ein Sprachversteck für eine rassistische Perspektive. Sublehren der Migrationspädagogik sind aber auch interkulturelle Pädagogik und Sonderpädagogik. Das ist ein Paradoxon an sich.

Ein Dilemma der Migrationspädagogik ist auch die Betonung der Differenz. Differenz- statt defizitorientierte Lehre. Es heißt, nicht alle sind gleich, weil wir sagen, alle sind anders, aber gleichzeitig besteht die Notwendigkeit, ebendiese Differenz und Andersheit auszublenden, um eine einzige homogene Gruppe zu schaffen. Die Gruppe des Erdenbürgers. Lösungsvorschläge können sein, Differenz nur dann zu betonen, wenn es in pädagogischen Situationen zum Thema wird, beispielsweise dann, wenn ein Schüler aufgrund seiner Hautfarbe gemobbt wird. Dann muss der Lehrer natürlich eingreifen und Differenz betonen. Also Differenz nicht proaktiv einsetzen, sondern situativ. Ein anderer Vorschlag ist, das Dilemma anerkennen, das Paradoxon erkennen, aber den Umgang damit lernen, also sich selbst auch einzugestehen, dass es eben noch nicht für alles einen Lösungsvorschlag oder ein Schema F gibt, sondern, dass man auch durchaus Fehler machen darf. Wichtig ist es in diesem Zusammenhang, die Perspektive zu wechseln, nicht nur durch die Brille des Lehrers zu schauen, sondern das Gesamtbild der Politik und auch der Ökonomie im Auge zu haben.

Teil II

PRAXIS

Schüler interkulturell fördern

Weiter oben im Buch wurde schon beschrieben, dass Migrantenkinder eher aus einkommensschwachen Familien kommen und dass diese Tatsache zu einer Chancenungleichheit direkt an der Wurzel führt. Was kann man als Schule oder schulähnliche Einrichtung tun, um den Kindern und Jugendlichen größtmögliche Unterstützung finanzieller Natur zukommen zu lassen? Neben staatlichen Hilfen, die jeder Bildungseinrichtung oder bildungsähnlichen Einrichtung bekannt sind und beantragt werden können, gibt es noch weitere Möglichkeiten.

Private Stiftungen und auch die Privatwirtschaft, darunter nur als Beispiel Unternehmen wie Bosch, Siemens oder aber auch die Deutsche Bank, unterstützen regelmäßig wohltätige Zwecke und helfen mit Fördergeldern.

Seien Sie nicht schüchtern, wenden Sie sich proaktiv an diese Unternehmen. In Zeiten von Digitalisierung und Internet findet man schnell einen Ansprechpartner und eine passende E-Mail-Adresse. Machen Sie klar und deutlich, dass mit dem Geld sozial schwache Kinder unterstützt werden sollen. Zum Beispiel ist ein Klassenausflug ins Museum einer großen Stadt geplant. Die Zugfahrt und den Eintritt ins Museum soll jede Familie selbst begleichen. Wenn nun die Eltern eines sozial schlechter gestellten Kindes nun aber diesen Teil nicht bezahlen können, würde das zu einer unmittelbaren Ungleichbehandlung führen. Der Nachteil ergibt sich dann später, wenn in der Klasse über den Ausflug und die Künstler bzw. über die Ausstellung gesprochen wird. Für diese und ähnliche Zwecke sollen Töpfe zusammengestellt werden, aus denen dann jene Kinder gesponsert werden können.

Falls es Kinder wohlhabenderer Eltern in Ihrer Gruppe oder Klasse gibt, könnten Sie auch zum Beispiel bei einem Elternabend das Thema erläutern.

Vielleicht gibt es den einen oder anderen Elternteil, der bereit ist, ein sozial schwaches Kind zu fördern. Es müssen nicht direkt große Beträge sein oder gar Geld. Auch der Kauf von dringend benötigten Schulmaterialien, Stifte, Papier, Mittagessen, Kleidung usw. kann schon Wunder bewirken. Nicht wohlhabend zu sein und sich gewisse Dinge nicht leisten zu können, sollte für die Eltern und auch für die Kinder nicht beschämend sein. Das Thema sollte kein tabuisiertes sein, sondern eins, worüber Eltern und Lehrer offen sprechen können und sollten.

Unabhängig von der finanziellen Gleichstellung muss es auch im gelebten (Schul-) Alltag, Werkzeuge geben, die helfen, Migranten so gut wie möglich zu integrieren. Ein inklusiver Ansatz muss allen Schülern, wie unterschiedlich sie auch sein mögen, das Gefühl von Zusammengehörigkeit geben. Dabei muss verstanden werden, dass es bei dem Begriff der Migrationspädagogik nicht darum geht, andere Kulturen zu vermitteln oder darauf aufmerksam zu machen, dass der „andere doch nun mal aus einer anderen Kultur stammt", sondern sicherzustellen, dass eine Unterscheidung zwischen fremd und vertraut gar nicht mehr stattfindet. Oder anders ausgedrückt: Das Fremde darf nicht mit der Kultur oder gar Religion erklärt werden.

Wenn fremd an Kultur, Religion, ethnische Zugehörigkeit, Länder, Sitten, Traditionen geknüpft wird, führt dies zur Separation, Segregation und Differenzierung. Die migrationspädagogischen Werkzeuge im Unterricht, im Jugendzentrum, im Sportverein, im Kindergarten oder wo auch immer Migranten auf Pädagogen stoßen, sollten so ausgerichtet sein, dass sie vereinen und nicht separieren. Ein Gefühl der Zugehörigkeit muss vermittelt werden.

Sie wissen mit Sicherheit aus eigener Erfahrung, wie man sich fühlt, wenn man in einer Gruppe nicht willkommen ist oder zumindest das Gefühl vermittelt bekommt. Stellen Sie sich vor, Sie sind eingeladen auf eine Konferenz, bei der es zu Beginn einen Willkommenstrunk gibt. Nett nehmen Sie Ihr Glas Sekt an, können sich auch dank gemeinsamer Sprache bedanken. Doch Sie spüren, dass andere sie als fremd wahrnehmen. Vielleicht, weil Sie neu in der Firma sind oder weil Sie aus einem anderen Bundesland kommen oder weil Sie eine Jeans anstatt einer Anzughose gewählt haben. Und egal, wie alt man wird, dieses Gefühl ist traurig. Sofort wünscht man sich wieder nach Hause auf die Couch oder zu Freunden, die auch zugezogen sind oder gern Jeans tragen.

Um wieder zur gelebten Migrationspädagogik zurückzukommen: Die Unterscheidung Ich-Die muss durch eine Ich-Wir ersetzt werden. Sätze wie „Du bist Türke, ich bin Deutscher" sind in der Lehre der interkulturellen Bildung nicht richtig. Oder Aussagen wie „Der Mustafa kommt doch aus der Türkei, da ist das so und da essen sie gern Tomaten" sind falsch, auch wenn sie in dem Moment nett und aufklärend gemeint sind. Die Intention einer Lehrkraft, die versucht, die Unterschiede durch kulturelle Unterschiede zu erklären, muss nicht per se rassistisch oder negativ sein. Dennoch separieren Aussagen wie diese mehr, als dass sie vereinen. Vereinen heißt, eine Einheit zu schaffen. Ein pädagogisches Mittel, das hier ganz einfach in der Praxis verwendet werden kann, ist, auf die Frage der Herkunft zu verzichten. Den Kindern beizubringen, dass sie Weltbürger sind, dass ein abstrakter Begriff wie Heimat überall sein kann. Dass man sich überall heimisch fühlen kann, weil die Welt nun mal unsere Heimat ist.

Ein globaler Ansatz, nicht nur in internationalen Elite-Schulen, sondern auch in städtischen Schulen. Denn wenn man nur den Kern betrachtet, sich nur auf die Kinder besinnt und sich die Kinder vor Augen holt, ist der einzige Unterschied zwischen den internationalen Kindern auf einem Schweizer Elite-Internat und einer städtischen Schule in Frank-furt am Main, natürlich unabhängig vom Geld der Eltern, gar keiner. Die Vermittlung der Internationalität ist jedoch eine andere. Dort leben Kinder aus aller Welt zusammen und die Vielfalt wird nicht als Last oder Herausforderung gesehen, sondern als Chance, als Asset, als eine großartige Möglichkeit, Weltbürger zu erziehen. Natürlich haben die Lehrer dort aufgrund ihrer besseren Vergütung mit Sicherheit eine andere Motivation, Wissen zu vermitteln, jedoch haben doch beide Pädagogen, ob nun in Frankfurt oder auf dem Elite-Internat, dieselbe Herausforderung, und zwar mit verschiedenen Kindern aus aller Welt umzugehen.

Mehrsprachigkeit, und damit sind nicht nur Weltsprachen wie Englisch oder Spanisch gemeint, sollte als Chance gesehen werden. Das soll keineswegs heißen, dass das Erlernen der deutschen Sprache nicht essenziell ist, im Gegenteil, frühzeitiges Lernen der deutschen Sprache ist essenziell, da sonst das Auffassen und Erlernen von Lerninhalten erschwert wird. Natürlich leiden Kinder, die die Sprache des neuen Heimatlandes nicht beherrschen, darunter, schriftliche und mündliche Leistungen adäquat zu erbringen. Aber das

Lernen der deutschen Sprache muss immer vor der Prämisse der Mehrsprachigkeit gesehen werden.

Auch wenn Deutsch das zentrale Medium der Erziehung und Bildung an deutschen Schulen ist, ist sprachsensibler Unterricht in heterogenen Klassen ein wichtiger Punkt in der Migrationspädagogik. Häufig wird in der Schule die kulturelle und sprachliche Vielfalt als Problem wahrgenommen. Man begreift die wahrgenommenen Sprachschwierigkeiten der Migrantenschüler oder die oft schwer zu verstehenden Erwartungshaltungen vieler Migranteneltern als Stolpersteine. Die Konsequenz daraus ist, dass Sprachschwierigkeiten direkt mit negativen Emotionen besetzt sind. Nicht nur bei den Zugezogenen, sondern auch den monolingualen deutschen Kindern. Alle Beteiligten fühlen in diesem Moment, dass die Sprache des Gegenübers keinen Platz in dieser Institution hat. Wie oben schon beschrieben, geht aber die moderne Migrationspädagogik davon aus, dass es wichtig ist, keine Separation herbeizuführen, sondern Gleichwertigkeit zu schaffen. Schülern und Eltern soll deutlich gemacht werden, dass ihre Muttersprache sehr wohl einen Platz im öffentlichen Raum hat. Ganz praktisch könnte man hier als Pädagoge Maßnahmen in den Schulalltag einführen.

Wie wäre es, wenn abwechselnd jeweils einmal die Woche ein Kind ca. 15 Minuten lang in seiner Muttersprache ein Referat hält oder aus einem arabischen Kochbuch Rezepte vorliest? Anschließend werden wichtige Wörter an die Tafel geschrieben und von den an-deren Kindern laut vorgelesen. Oder die Kinder versuchen anhand des arabischen Koch-buches im Hort ein Rezept nach zu kochen. Es soll hier nicht darum gehen, dass die Kin-der eine neue Sprache lernen, sondern gemeinsam einen Perspektivwechsel erleben. Dadurch, dass diese spielerische Lernaktivität von allen Kindern durchgeführt wird, fühlt sich keines ausgeschlossen und auch Deutsch wird nicht als erhaben, sondern als gleichwertig neben den anderen Sprachen gesehen. Eine andere Idee könnte sein, während Freispielphasen die Muttersprache durchaus zuzulassen. In Gruppenarbeiten könnten Sie Schüler des gleichen Herkunftslandes zusammensetzen und sie dazu ermutigen, in ihrer Muttersprache die gestellte Aufgabe zu besprechen. Sie könnten den Kindern einen deutschen Text zur Verfügung stellen, der in Muttersprache diskutiert werden kann und anschließend die Kinder bitten, die Textinhalte auf Deutsch vorzustellen.

Eine weitere Idee könnte sein, internationale Wochen einzuführen, das heißt, eine Woche lang begrüßen sich die Kinder in abwechselnden Sprachen. Dabei kann es sich um alle Sprachen der Welt handeln, es müssen nicht nur die Sprachen sein, die die Kinder sprechen. So kann eine Art Internationalität auch in einer städtischen Schule einziehen. In diesem Kontext könnten Sie Ihre Schüler auch bitten, ein Obst oder Gemüse ihrer Wahl mitzunehmen und in der Muttersprache vorzustellen.

Jedes Kind, hierbei sollte keine Unterscheidung zwischen Deutsch und Nicht-Deutsch gemacht werden, sollte ermutigt werden, ein internationales Buch seiner Wahl vorzustellen, gern auch in der Muttersprache. Anschließend kann man als Gruppe die Inhaltsangabe übersetzen. Oder Sie könnten die Kinder ermutigen, ein Gedicht in einer ausgewählten Sprache vorzutragen. Wichtige Schlüsselwörter und Fachbegriffe der Gedichtanalyse könnten im Anschluss in der jeweiligen Sprache an die Tafel geschrieben und übersetzt werden.

Heutzutage kann man auch gut mithilfe des Internets verschiedensprachige Lieder fin-den. Singen Sie zusammen in der Gruppe diese Lieder, sie müssen auch nicht altertümlich oder volkstümlich sein, sondern ganz modern. Eben nach Interessenlage der Kinder. Das kann zur Auflockerung oder gar zu großem

Gelächter führen, wenn Sie Wörter falsch aussprechen. Bitten Sie die Schüler, Sie zu korrigieren und zu verbessern!

Eine mehrsprachige Bücherecke mit Büchern und CDs aus aller Welt kann den Zugang zur anderen Sprache verbessern und das Interesse der Kinder wecken. Gestalten Sie die Bücherecke international, basteln Sie Fahnen oder eine Weltkarte, auf der die Kinder mit Pins ihr Herkunftsland markieren sollen. Spiele aus den Herkunftsländern sollten in dieser Ecke nicht fehlen. Spielen Sie selbst oder lassen die Kinder diese Spiele erklären und spielen. Ermutigen Sie die Kinder hierbei, heterogene Gruppen zu bilden und zunächst die Spielregeln zu erklären. Seien Sie hier präsent und gehen Sie ruhig auf Unterschiede in den Sprachen ein. Weisen Sie auf Besonderheiten der jeweiligen Sprache hin und erstellen Sprachvergleiche mit Ihrer Muttersprache.

Märchen und Geschichten aus anderen Ländern bieten sich hierbei auch gut an. Sie können spielerisch Unterschiede in Welten darlegen und zudem haben die Kinder Spaß. In diesen Kontext fallen auch Redewendungen und Sprichwörter. Die Gruppen können Ihre Eltern und Großeltern nach bekannten Sprichwörtern aus Ihren Herkunftsländern fragen und zusammenstellen. Später im Unterricht sollen diese dann pantomimisch oder bildlich dargestellt werden. Das sorgt für Gelächter und verbindet. Die Kinder werden schnell sehen, dass die Sprichwörter und Redewendungen aller Welt gar nicht so unterschiedlich sind. Nehmen Sie nur die Redewendung schlafende Hunde soll man nicht wecken. Dieses Sprichwort ist leicht bildlich oder spielerisch darzustellen und es ist international. In China heißt es „Es bringt nur Unheil, einen Tiger aus dem Schlaf zu rütteln"; in England „Es ist nicht gut, einen schlafenden Löwen zu wecken"; in Frankreich „Schlafen-de Katzen soll man nicht stören"; in Japan „Eine Schlange, einen Fürsten, einen Tiger, einen Greis, ein Kind und einen fremden Hund: Diese sechs sollte man nicht aufwecken, wenn sie schlafen"; in den Niederlanden heißt es wörtlich übersetzt „Man muss schlafende Wölfe nicht wach machen; in Portugal „Wecke keinen Hund, wenn er schläft"; in Spanien „Wenn das Unglück einschläft, lasst es von niemand erwecken"; in Thailand „Necke nicht den schlafenden Tiger"; in der Türkei gibt es sogar drei Interpretationen: „Altes Stroh muss man nicht aufwühlen", „Den schlafenden Löwen nicht wecken" und „Der Schlange, die schläft, tritt man nicht auf den Schwanz". Sie sehen, hier gibt es viele Möglichkeiten, den Kindern zu vermitteln, dass sie viel mehr verbindet als trennt.

Eine weitere Idee für Sie als pädagogische Bezugsperson kann sein, Feste und Geburtstage aller Nationen in einen großen, selbst gebastelten Kalender einzutragen. Denken Sie nur an Weihnachten oder Ramadan, das Zuckerfest, Ostern, den internationalen Kindertag, Erntedankfest, chinesisches Neujahr, Diwali, Jom Kippur usw. Die Liste können Sie auch noch um die Geburtstage der Kinder oder gar ausgedachte Feiertage ergänzen, die nach Meinung der Kinder unbedingt auch gefeiert werden müssten. An den jeweiligen Tagen sollten Sie mit den Kindern über die jeweiligen Feste sprechen und erfragen, wie sie traditionell gefeiert werden, was der kulturelle Hintergrund des Feiertages ist. Wichtig, wie schon ein paar Mal erwähnt, gilt die Vermittlung von Einheit und Gerechtigkeit. Jedes Fest, jede Tradition, jeder Brauch ist gleichwertig. Er ist nicht nur als gleichwertig anzusehen, sondern er ist es. Dieses Paradigma müssen Sie als Bezugsperson leben, denn Migrationspädagogik sucht nach Gemeinsamkeiten, nicht nach Unterschieden. Sie möchte den Migranten nicht ändern, sondern genauso annehmen, wie er ist, und ihm einen Platz im öffentlichen Raum geben. Migrationspädagogik soll einen Perspektivwechsel ermöglichen, weg von einer in unserer jetzigen Zeit veralteten Herangehensweise. Damit ist gemeint, der Migrant wird nicht aufgrund kultureller Unterschiede als Migrant gesehen. Er wird als Migrant gesehen und eine Andersartigkeit wird nicht mit seiner Kultur oder Religion erklärt. Diskriminierung und Rassismus werden hier direkt im Keim erstickt.

Interkulturelle Erwachsenenbildung

Migrationspädagogik sollte nicht ausschließlich Kinder und erziehungsfähige Jugendliche im Blickfeld haben, sondern sich auch ausdrücklich mit Erwachsenen beschäftigen. Erwachsene, die schulpflichtige Kinder haben, können einen wertvollen Beitrag für die Schulen und damit auch der Integration ihrer Kinder leisten. Elternkooperationen können einen wesentlichen Beitrag leisten.

Die Gestaltung des Elternabends kann unter Umständen eine große Herausforderung für die Lehrer, Erzieher und andere pädagogische Bezugspersonen haben. Praktische Tipps sollen helfen, die Erwachsenen so zu integrieren, dass sie sich nicht ausgeschlossen fühlen und ihren Beitrag zur Zusammengehörigkeit schaffen können. Leider sind in Deutschland Herkunft und Zugehörigkeit stark geknüpft an den sozialen Status oder die soziale Schichtung. Die Schere zwischen Arm und Reich ist schon bei Bewohnern sogenannter Industriestaaten seit Beginn der Globalisierung stärker auseinandergegangen. In Zweite- und Dritte-Welt-Ländern ist diese Schere genauso extrem. Unverhältnismäßig viele Migranten haben leider keinen Schulabschluss. Wenige haben einen Beruf erlernt. Herkunft und Bildung korrelieren direkt miteinander, somit auch Herkunft und Einkommen, denn in der Regel gilt, je höher der Schulabschluss, desto besser das Einkommen.

Bei genauerem Hinschauen können Sie erkennen, dass Probleme in der Zusammenarbeit zwischen Bildungseinrichtung und Elternhaus oftmals keine religiösen oder kulturellen Ursachen sind. Es sind vielmehr schlichtweg Bildungsprobleme. Die mangelnde Bildung der Eltern ist denen selbst natürlich durchaus bewusst und sie schämen sich dafür. Sie sind unsicher und dadurch weniger kooperativ. Ein schneller Anruf beim Lehrer bereitet aufgrund mangelnder Sprachbeherrschung schon wochenlang Bauchschmerzen. Was für uns selbstverständlich ist, zum Beispiel das kurze Gespräch mit der Lehrerin beim Abholen der Kinder, stellt Migranten vor eine große Herausforderung. Deswegen unter-stellt man ihnen auch schüchtern oder desinteressiert zu sein. Oftmals ist es jedoch Unsicherheit, sich mit gebrochenen Deutschkenntnissen zu blamieren. Das kurze Gespräch oder der schnelle Austausch mit den Lehrkräften über Telefon oder E-Mail ist aber nicht das Einzige, was ausbleibt. Die Unsicherheit der eingewanderten Eltern führt auch dazu, dass sie in Elternvertretungen oder Elternarbeitsgruppen unterrepräsentiert sind. Als Konsequenz werden sie so auch weniger von anderen Eltern wahrgenommen und können auch ihr Netzwerk nicht ausbauen. Eltern ohne Migrationshintergrund vernetzen sich oftmals und helfen sich so gegenseitig. Sie wechseln sich mit dem Abholen und dem Bringen der Kinder ab, sie vereinbaren außerschulische Aktivitäten, sie diskutieren über Schulinhalte und man kann beobachten, dass sie auch insgesamt in Schulangelegenheiten engagierter sind. Ein Rückzug wie bei Eltern mit Migrationshintergrund ist hier weniger zu beobachten.

Ein verhaltenes Auftreten von erwachsenen Migranten heißt aber nicht, dass sie an den schulischen Leistungen nicht interessiert seine. Eine gute Beratung durch die Lehrkräfte ist hier ein kritischer und sehr wichtiger Punkt. Sie müssen die Aufgabe sehr ernst nehmen, den Eltern die verschiedenen Bildungswege oder schulische Unterstützungsmöglichkeiten aufzuzeigen. Diese Beratung beeinflusst im wahrsten Sinne des Wortes das Leben und die Zukunft der Kinder. Wird solch eine Aufklärungsarbeit nicht geleistet, ist es womöglich zum Nachteil des Kindes. Nehmen Sie doch nur das Beispiel duales Studium. Viele Migranten wissen nicht von der Möglichkeit, zu studieren und dabei auch gleichzeitig zu arbeiten, also Geld zu verdienen. Unterstellt man den Eltern, dass sie wollen, dass ihre Kinder so schnell wie möglich anfangen, eigenes Geld zu verdienen und die Familie zu unterstützen, so könnte man mit solch einem Vorschlag die Zukunft des Kindes positiv beeinflussen. Es hätte so die Chance auf ein Studium und damit auch auf einen höher bezahlten Job in der Zukunft.

Die Sprachbarriere stellt aber natürlich oftmals ein Hindernis für die Lehrer dar, sollte aber nicht davon abhalten oder gar als Vorwand genutzt werden, um Beratung nicht sorgfältig durchzuführen. Sie könnten überlegen, die Einladungskarten oder Elternbriefe mehrsprachig zu verfassen. Andere Lehrer, selbst mit Migrationshintergrund, können hier helfen. Oder auch Google Translator. Natürlich sind solche künstlichen Übersetzungstools oft nicht akkurat, aber dennoch kann man das Thema verstehen. Es handelt sich nicht um komplizierte Phrasen oder Formeln oder

Quantenphysik. Sie sind für jeden mit Internetzugang zugänglich und kostenfrei. Sie können eventuell auch einen ausländischen Verein, zum Beispiel den Deutsch-Türkischen Kultur-Verein, zurate und zur Hilfe einbeziehen. Vielleicht haben Sie auch ausländische Freunde, die die Sprache sprechen? Fragen Sie, ob sie beim Elternabend dabei sein wollen und übersetzen können. Und denken Sie bitte hierbei daran, den Elternabend nicht unter Zeitdruck abhalten zu müssen. Nehmen Sie sich Zeit. Verwenden Sie eine mobile Übersetzungs-App. Notieren Sie alles Wichtige auf einem Blatt Papier und geben Sie es den Eltern mit. Regen Sie die Eltern an, die Stich-wörter, die Sie aufgeschrieben haben, von Freunden oder Nachbarn übersetzen zu las-sen. Veranstalten Sie lockere Elternabende mit allen Eltern, bei denen jeder etwas zu essen mitbringen soll, und vernetzen so die Muttersprachler mit den Nichtmuttersprachlern. Geben Sie ihnen in jedem Fall das Gefühl, vollkommen dazuzugehören. Seien Sie offen. Nur so können Barrieren abgebaut und Vertrauen geschaffen werden. Und das ist ein wesentlicher Teil der Migrationspädagogik. Den Eltern einen Platz im öffentlichen Raum zu geben und sie nicht als fremd zu sehen. Gestalten Sie für den Elternabend ein Plakat, auf dem alle Fahnen der vertretenen Nationen zu sehen sind. Oder schreiben Sie Begrüßungsformeln in den jeweiligen Sprachen an die Tafel. Machen Sie im Kollegium den Vorschlag, eine Exkursion mit den Eltern zu machen. Vielleicht könnte man alle zusammen zu einem Fußballspiel im Stadion gehen?

Gibt es Dinge, die Migranten eines bestimmten Herkunftslandes nicht können oder nie gelernt haben? Besonders Einwanderer aus dem arabischen Raum haben kein Fahrrad oder können nicht Fahrrad fahren. Man kann ein Projekt daraus machen, zusammen mit allen Eltern werden eines oder mehrere Fahrräder aus alten Teilen gebaut oder alte Fahrräder repariert. Danach wird ein Fahrradkurs angeboten. Das kann man auch mit Inline-skates oder jeder anderen Sportart anbieten.

Nun, da einige Hilfestellungen für Eltern dargestellt wurden, soll auf junge arbeitsuchende oder studierende Erwachsene eingegangen werden. Integration und Verständnis können hier variieren, denn ein erwachsener Mensch ist per se nicht so leicht zugänglich wie ein Kind. Das Bundesamt für Migration und Flüchtlinge bietet hier viele Angebote. Auch Unternehmen selbst können ohne staatliche Hilfe vieles für eine erfolgreiche Integration der Schutzsuchenden, ob nun Fachkraft oder nicht, tun.

Stellen Sie Überlegungen zum sozialen Umfeld der Arbeitskraft an. Ist die Familie im Geburtsland zurückgeblieben? Erschaffen Sie Möglichkeiten, dass er oft genug Familienbesuch haben kann. Helfen Sie dabei, dass die Familie nach erfolgreicher Probezeit nach-ziehen darf. Das stärkt den Menschen und er fühlt sich angenommen.

Helfen Sie bei formellen Herausforderungen. Wie Sie wissen, ist Deutschland ein Bürokratieland. Wo und wie können Sie bei der Anmeldung helfen, GEZ, Kindergeld, Steuer, Krankenkasse, die Liste ist lang und selbst für Deutsche kaum allein zu bewältigen. Buchen Sie einen Kurs bei der Volkshochschule für Ihre neue Arbeitskraft. Denken Sie an ihr übriges Arbeitsumfeld. Bereiten Sie die langjährigen Mitarbeiter darauf vor, dass ein neuer Mitarbeiter kommt. Mischen Sie die Teams, appellieren Sie an Geduld und Flexibilität, der neue Mitarbeiter wird nicht sofort alles können. Es handelt sich um junge, lernfähige Menschen, die hochmotiviert sind. Arbeit ist ein Grund, warum sie geflohen sind. Unterstützen Sie die Neuankömmlinge in ihrer Mobilität, erklären Sie U-Bahn, Bahn, FlixBus. Helfen Sie bei der Wohnungssuche und stellen Sie sicher, dass der Migrant alles hat, was er braucht. Waschmaschine, Zugang zu frischer Bettwäsche und so weiter. Fragen Sie ihn, was er sich wünscht, was können Sie möglich machen? Feiertage, beten, Räume zum Beten? Im Dialog lässt sich herausfinden, was von beiden Seiten geleistet werden kann.

Diversität in Unternehmen wird mittlerweile großgeschrieben, natürlich ist es ein anderes Thema, ob sie auch immer gelebt wird. Es gibt Kurse und Seminare zu Diversity Management. Unternehmen sind immer auch Abbild der gesamten Gesellschaft. Der eine Kollege redet gebrochenes Deutsch, der andere fängt gern sehr früh mit der Arbeit an, der eine ist ein Muslim, der beten will, die andere ist eine Single-Mama, die nicht weiß, wie sie ihr Kind in den Ferien betreuen soll. Es geht also nicht nur um Migrant versus Nicht-Migrant, sondern Vielfalt im Allgemeinen. Aus Unternehmenssicht sind gute und produktive Arbeitnehmer ein wichtiges Asset. Vielfalt und Heterogenität können genutzt werden, um produktiver zu werden.

Klare Regeln sind selbstverständlich. Welche Faktoren passen? Welche können angepasst werden? Stellen Sie auf der inneren Ebene Chancengleichheit her, denken Sie an die Gleichstellung von Mann und Frau. Machen Sie Deutschkurse möglich, bieten Sie interkulturelle Trainings an, sorgen Sie dafür, dass keine Gruppenbildung stattfindet, bilden Sie heterogene Teams, nehmen Sie Ihren türkischen Mitarbeiter zu türkischen Kun-den mit. Zeigen Sie ihm, dass seine Differenz ein Vorteil für Sie ist und der Firma einen Mehrwert beschert. So fühlt sich der Mensch gleich anerkannt.

Mittlerweile sind viele Unternehmen, auch kleinere, auf einem globalen Markt tätig. E-Commerce erlebt gerade während der weltweiten Pandemie noch einmal einen enormen Aufschwung und bereitet einen Zugang zum Weltmarkt. Fördern Sie gezielt die Pluralität von Sprachen in Ihrem Betrieb, fördern Sie Pluralität in den Biografien der Mitarbeiter. Bieten Sie Orientierungspraktika für junge Asylsuchende an. Für technische Ausbildungsberufe werden solche Orientierungsangebote vom Institut für Lehre und Weiterbildung in Mainz angeboten. In Zusammenarbeit mit der IHK werden auch Deutschkurse angeboten. Nach dem Orientierungspraktikum und den Deutschkursen schaltet das Industrieinstitut für Lehre und Weiterbildung seine zahlreichen Kontakte und sein Netzwerk zur regionalen Industrie und zu Ausbildungsbetrieben ein. Dort gibt es Unternehmensbörsen, wo die Unternehmen eingeladen werden, die neuen Fachkräfte kennenzulernen und für weitere Bildungsprogramme in ihren Betrieben zu gewinnen. So können Sie als Unternehmer ethische Verantwortung gegenüber der Gesellschaft übernehmen. Vergessen Sie nicht, Sie gewinnen hochmotivierte Jugendliche, deren Ziel es ist, arbeiten zu dürfen und ein neues Leben in Frieden leben zu dürfen. Sehen Sie dies, egal, ob Sie nun Unternehmer, Lehrer, Jugendhaus-Betreiber oder eine andere pädagogische Bezugsperson sind, als das Naturrecht des Asylsuchenden an und begreifen Sie dies als Chance für Bereicherung.

Schluss

2015 während der großen Fluchtwelle gab es eine große Euphorie, Angela Merkel sagte: „Wir schaffen das!" War das naiv? War der Idealismus und Optimismus zu groß? Beobachten wir doch heute immer noch, dass die Unterschiede von Du und Ich noch da sind. Sind dadurch alle Bemühungen, diesen Umstand zu verwischen, mit einem Mal weg? Das imaginäre gesellschaftliche Wir existiert nach wie vor. Die anderen, die Muslime oder die Nordafrikaner sind ja anders, deswegen sind sie die anderen.

Die migrationspädagogische Lehre ist geprägt von Paul Mecheril, an ihm kommt man nicht vorbei, wenn man sich mit dem Thema auseinandersetzt. Sein wichtigster Punkt ist der Kampf um die Ordnung. Dieser Gedanke dominiert seine Forschung.

Er anerkennt die unterschiedlichen pädagogischen Ansätze der interkulturellen Pädagogik und der Integrationspädagogik, sagt aber gleichzeitig, dass die zentrale Aufgabe dieser Lehren das Verständnis in Bezug auf den anderen sein muss. Wir müssen dem anderen pädagogisch nicht helfen, so zu werden wie wir. Wir müssen den vorherrschenden Gedanken verbannen, dass alles, was nicht „wir" ist, auch nicht wir ist. Ein fragloser Standard dieser veralteten Lehre ist, dass wir den anderen dabei helfen, so zu werden wie wir. Wir helfen ihnen dabei, so Deutsch zu sprechen wie wir. Wir helfen ihnen, so zivil zu sein wie wir. Migrationspädagogik stellt nicht den Migranten in den Mittelpunkt. Junge Menschen heute können sich nicht an die Ära Helmut Kohl erinnern. Die junge Generation ist schon in einem anderen gesellschaftlichen Selbstverständnis aufgewachsen. Interessant ist die semantische Anpassung auf diese Gegebenheit. Man versucht nun über Sprache eine Andersartigkeit herzustellen. In der Berichterstattung sprach man früher von den Türken, heute sind es die Muslime. Wobei die orthodoxen Christen immer noch als Griechen be-zeichnet werden. Die Diskussion soll laut Mecheril nicht den Migranten oder die Schule als Ganzes sehen, sondern die Auseinandersetzung damit, wie und ob Schule Migranten produziert. Migranten sind nicht das Besondere, sie sind keine Sonderform. Die Schule muss das Besondere sein, die Schule muss sich neu erfinden. Eine Anpassung des Bildungssystems ist notwendig, nicht eine Anpassung der Migranten. Soziale Ungleichheit entstanden durch geopolitischen Standort des Geburtslandes darf nicht dazu führen, auch in den Schulen zu benachteiligen.

Im Theorie-Teil dieses Ratgebers wurde ausführlich das Thema Ordnung vs. Unordnung diskutiert. Migrationspädagogik interessiert sich für diese Unordnung der Ordnung.

Die Unruhe entstand nicht dadurch, dass Deutschland 1 Million Asylsuchende aufnehmen sollte. Es wäre politisch schwierig, aber durchaus machbar gewesen. Platz ist da und Bedarf an jungen Menschen auch. Woher kommt also die Unruhe, woher kommt die Angst vor den Asylsuchenden? Baumann, ein Soziologe, der sich viel zu Lebenszeiten mit Rassismus beschäftigt hat, sagt, Angst vor den anderen ist notwendig, nicht, weil der Mensch das Fremde fürchtet, sondern weil Angst notwendig ist, um eine Legitimation zu haben, diese Menschen wieder zurückzuschicken. Sie müssen nicht zurück, weil dann unser System zusammenbricht, sondern weil diese Menschen eine Nachricht mitbringen. Sie bringen eine Botschaft, sie konfrontieren uns mit dem Leid in der Welt. Das Leid war weit weg, nun ist es ganz nah. In unserem Bahnhof. Von 20 Menschen, die bei Bombenangriffen gestorben sind, in den Nachrichten zu hören, hat eine andere Wirkung, als wenn man diese 20 Menschen gekannt hätte. Eine globale Minorität wie Europa hat sich auf Kosten der anderen ein Wohlstandsleben errichtet. Da ist paradox, wenn man bedenkt, dass wir Menschenrechte predigen, Religionsfreiheit einfordern, Sprachfreiheit, Freiheit der Presse, aber so im Großen und Ganzen eine Art Imperialismus gegenüber den Zweite- und Dritte-Welt-Ländern leben. Also nicht wirklich eine Demokratie, weil wir unseren guten Standard durch systematische Unterdrückung aufrechterhalten und im Grunde so zu Imperialisten werden, wir versuchen den Schutzsuchenden, gar der ganzen Welt zu vermitteln, dass unsere Ideologie die beste ist, aber das geschieht immer auf Kosten der anderen.

Die Bürgerkriege sind immer noch da, die Schutzsuchenden auch, aber wir haben den öffentlichen Raum gereinigt und nun wieder Ordnung hergestellt. Die Migrationspädagogik muss sich in diesem Kontext für die Tatsache interessieren, wo pädagogische Institutionen und Akteure an der Reproduktion dieser Ordnung beteiligt sind. Zum Beispiel in Schulbüchern. Wie produzieren Schulbücher Bilder des anderen, wie taucht in Schulbüchern globale Geschichte auf, wie werden globale Verhältnisse thematisiert und wie werden dadurch in diesen pädagogischen Räumen Subjekte produziert? Wie lernen Schüler in Schulen, dass sie Migranten sind? Wie lernen sie, dass sie nicht Migranten sind? Wie lernen sie, dass Deutsch ihre Erstsprache und nur die einzig legitime Sprache ist? Wie lernen sie, dass der andere anders ist und nur geduldet wird?

Migrationspädagogik muss über Bildungsziele nachdenken, sowohl praktisch als auch begrifflich Globalität thematisieren. Globalität muss als Gegenwart und in der historischen Vergangenheit thematisiert werden. Kolonialismus und Kapitalismus müssen analytisch behandelt und aufgedröselt werden. Wir begreifen die Welt nicht, wenn wir nicht die Historie berücksichtigen.

Nicht immer die Fokussierung auf die anderen in den Vordergrund stellen, vielmehr zuerst Bildungsräume schaffen, in welchen man über Flucht-Ursachen spricht. Die Verteufelung der anderen führt nur zu Angst. Die Dämonisierung der anderen ist ein neuer Rassismus, der mit einer Wucht in Europa ankommt und verstärkt wird. Nur historisches Bewusstsein kann uns hier helfen zu verstehen. Aufklärung muss geleistet werden, damit Kinder schon ganz früh verstehen, in welchem geschichtlichen Kontext alles gesehen werden muss.

Es muss ein Verständnis geschaffen werden, dass Europa und andere Eliten in der Kolonialzeit alles genommen haben, sich aber jetzt weigern, zu geben. Nicht zu vergessen, dass sie auch heute noch nehmen, zum Beispiel Bodenschätze, Ressourcen, Körperkräfte zum Arbeiten und sich immer noch weigern, zu geben.

Der veraltete Gedanke, dass jeder Mensch von Anfang bis zum Ende einer Rasse angehört, muss verschwinden. Warum können wir es uns nicht aussuchen, was wir sein möchten? Heute bin ich Deutscher, morgen bin ich Franzose und dann Türke. Das können wir deswegen nicht, weil es eine Unordnung in die Ordnung bringen würde, aber das Prinzip Rassismus nur in einer Ordnungsumgebung funktioniert. Sofort würde sich Panik breitmachen. Die vorherrschende Klasse möchte die Ordnung um jeden Preis aufrechterhalten. Dabei ist die weiße Rasse ganz oben, das ist die Erklärung dafür, dass wir aus-beuten dürfen. Migration und Integration sind im Koalitionsvertrag folgendermaßen beschrieben: „Integration fördern und fordern wir [...] wir setzten unsere Anstrengung fort, die Migration zu begrenzen und steuern. Damit sich eine Situation wie 2015 nicht wieder-holt."

Wenn Eltern die Lehrer anrufen und sich beschweren, dass zu wenig Deutsch gesprochen wird, sollte man die Ursache nicht bei den Kindern suchen, sondern im Bildungssystem insgesamt. Aber die Fokussierung auf die Migranten ist immer noch Realität. Die aus Medien und Berichterstattung bekannte Problemschule in Neukölln ist ein gutes Beispiel hierfür, denn sie zeigt ganz deutlich die Effekte der Nicht-Zugehörigkeit. In den Medien wurde der Begriff „Brennpunkt-Schule" verwendet. Mit Stichwörtern wie Gettoisierung, Gangbildung, Frontenbildung wurde nur so um sich geschmissen. Wenn extra eine Siedlung für Ausländer am Stadtrand gebaut wird und eine Schule für diesen Stadtteil verantwortlich ist, dann ist es die natürliche Konsequenz, dass die Schule von bis zu 98 % Menschen mit sogenanntem Migrationshintergrund besucht wird. Eine Vermischung fand hier nicht statt. Die Abschiebung der Menschen an den Stadtrand, weit weg aus dem bürgerlichen Auge, verdeutlicht, dass Wohnungsbau, Städteplanung, politische Geografie Teil eines Umdenkens sein müssen. Zumal im Zusammenhang mit der Problemschule in Neukölln die Tatsache äußerst interessant ist, dass die Kinder größtenteils gutes bis sehr gutes Deutsch sprechen.

Es gilt also zu verstehen, dass das Bildungssystem neu gedacht werden muss. Schon im Lehramt-Studium müssen demagogischer Wandel, Migration, Rassismus gelehrt werden. Bislang ist die Fokussierung zu sehr auf dem Fachlichen. Eine Anpassung an neue Zeiten ist nötig. In Zeiten von Digitalisierung und Internet, in einer Zeit, der schrumpfenden Welt, ist globales Denken unumgänglich für die Erziehung von Kindern ohne Stigma, oh-ne die Produktion von Migranten durch die Schule. Wichtig dabei ist die Defokussierung vom Mantra, dass man nur zugehörig sein kann, wenn man die Sprache lernt. Dieses ist keine Absprache und Verneinung, dass Sprache verbindet, aber als einziges Werkzeug, als einziges Argument, als einzige Antwort der Pädagogik nicht richtig. Hier kann man in den Schulen darüber nachdenken, Rechtschreibfehler, wenn denn die Phonetik richtig ist, nicht durch übertrieben schlechte Noten zu bestrafen. Angebote von Deutsch als Fremdsprache in der Schule gibt es heute schon an einigen Schulen, auch darüber lohnt es sich nachzudenken. Ein flexibleres Bildungssystem schaffen und Sprache nicht nutzen, um Chancengleichheit zu schaffen. Ein Topmanager, der für 4 Jahre nach Saudi-Arabien geht, um dort an einem Projekt zu arbeiten, wird sich niemals damit konfrontiert sehen, Arabisch lernen zu müssen. Das ist eine Doppelmoral und sie legitimiert Herrschaftsansprüche einer privilegierten Minderheit. So werden immer Unterschiede gemacht.

Die Ausbildung und das Studium der Migrationspädagogik ist es, den Studierenden eine bessere Allgemeinbildung zu ermöglichen. Grundlegendes Wissen, das über das Fachwissen hinausgeht. Eine klare Ratio des Verständnisses der Welt als Ganzes, nicht die Dämonisierung des anderen. Soziale Netzwerke, soziale Medien, Internet, Globalisierung führen uns ständig vor Augen, dass wir uns in einem neuen Zeitalter befinden. Nun müssen die gesellschaftlichen Prozesse nachziehen, wir müssen sie anpassen und flexibilisieren. Grenzen sind etwas Künstliches, das Menschen geschaffen haben. Tiere unter-scheiden innerhalb ihrer eigenen Rasse nicht unter Rassen. Der Mensch musste diese Ordnung erbauen, um andere zu unterwerfen und auf ihre Kosten Wohlstand zu genießen.

Sonst wären die Aufstände zu groß gewesen. Wir in Europa leben in einer Welt des Überflusses und wundern uns nun, dass die Unterdrückten aufschreien und nun auch mal nehmen wollen.

Migration gibt es schon seit immer und solange es die Menschheit noch gibt, wird das auch so bleiben. Es wird, historisch gesehen, erst seit kurzer Zeit offen darüber gesprochen. Bürgerrechte werden von uns nur uns selbst zugesprochen. Die Idee, dass Menschen Einfluss auf ihr eigenes Leben nehmen wollen und sich nicht mit der politischen Ideologie ihres Geburtslandes zufriedengeben wollen, ist ein Geburtsrecht des Menschen. Und plötzlich handeln sie selbstbestimmt und machen sich auf in ein anderes Leben und verursachen so eine Lücke in der Politik. Die Politik will ihre Machtverhältnisse aufrechterhalten. Mehrstaatlichkeit gilt es zu verhindern. Den Menschen wird die Bewegungsfreiheit genommen. Beständige Herstellung des Wir und Nicht-Wir wird immer weiter intensiviert. Der Pass, die körperlichen Merkmale, Religion, Sprache werden immer und immer wieder als Unterschiede herangeführt. Also immer die Fokussierung auf die Differenz, damit die Normalität beibehalten werden kann. Die Bedrohung kommt dabei von außen, von den Arabern, von den Türken, von den Rumänen, von den muslimischen Männern und so weiter. Dabei ist es offensichtlich, dass es sich um eine imaginäre Bedrohung handelt.

Die Bildung muss das Rad nicht neu erfinden, es sind schon Ansätze da, die vertieft und kreativ konzipiert werden können. Schule hat auch ohne Migration an sich schon mit vielen Herausforderungen zu kämpfen. Es gibt chronisch immer zu wenig Geld, die Ausstattung ist schlecht, die Zeit, um die Lerninhalte zu vermitteln, ist knapp, Lehrer können sich gar keine Zeit mehr für die individuellen Lernprozesse ihrer Schüler nehmen. Deswegen kann man an schon vorhandene Inhalte wie diversity education, nachhaltige Bildung, global citizenship, kosmopolitische Pädagogik, Friedenspädagogik anschließen. Eine entschiedenere und eine kritischere Auseinandersetzung, zudem eine implizite Auseinandersetzung von Rassenkategorien in und mit denen die Ungleichheiten legitimiert werden, müssen fester Bestandteil jedes pädagogischen Studiums sein.

Herstellung und Verlag:

BoD – Books on Demand, Norderstedt

ISBN: 9783755707646

© Kathrin Sprenger 2020

1. Auflage

Kontakt: Psiana eCom UG/ Berumer Str. 44/ 26844 Jemgum

Covergestaltung: Fenna Larsson

Coverfoto: depositphotos.com

FSC
www.fsc.org
MIX
Papier aus ver-
antwortungsvollen
Quellen
Paper from
responsible sources
FSC® C105338